PETIT LIVRE À COLORIER
& PENSÉES À MÉDITER

FÉLINS

MARABOUT

Mieux vaut vivre un jour
comme un lion que cent ans
comme un mouton.

Méfie-toi du tigre plus que du lion,
et d'un âne méchant plus que du tigre.

PROVERBE ARABE

On dompte la panthère
plutôt qu'on ne l'apprivoise.

BUFFON

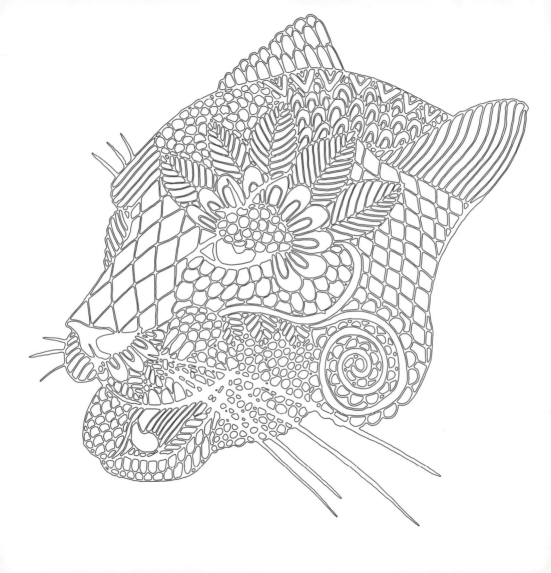

Le tigre aussi a besoin de sommeil.

PROVERBE CHINOIS

Le chat n'est pas tenu de vivre
selon les lois du lion.

BARUCH SPINOZA

Il n'y a point de bonheur sans courage, ni de vêtu sans combat.

JEAN-JACQUES ROUSSEAU

La lionne n'a qu'un petit,
mais c'est un lion.

ÉSOPE

Même si le lion rugit,
il ne tue pas son petit.

PROVERBE CAMEROUNAIS

Tant que les hommes massacreront
les bêtes, ils s'entre-tueront. Celui qui
sème le meurtre et la douleur ne peut
en effet récolter la joie et l'amour.

Le cœur bat plus délicieusement
à relancer un lion qu'à débusquer
un lièvre.

WILLIAM SHAKESPEARE

Ce n'est pas parce que le lion a maigri
qu'il faut le prendre pour un chat.

PROVERBE AFRICAIN

Quand le vieux lion se meurt,
les chiens les plus lâches lui arrachent
les poils de sa moustache.

PROVERBE SYRIEN

Décrire les passions n'est rien ;
il suffit de naître un peu chacal,
un peu vautour, un peu panthère.

LAUTRÉAMONT

Le lion est mort,
c'est la fête des léopards.

PROVERBE KÉNYAN

Si la panthère savait
combien on la craint,
elle ferait beaucoup de mal.

PROVERBE BAMILÉKÉ

L'héritier du léopard hérite
aussi de ses taches.

PROVERBE BANTOU

La méchanceté est un lion
qui commence par bondir d'abord
sur son maître.

PROVERBE AFRICAIN

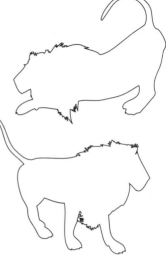

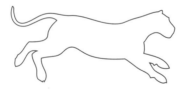
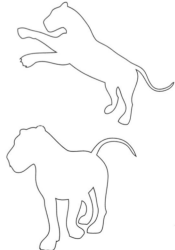
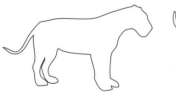
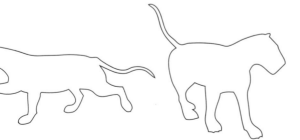

Le lion et l'agneau peuvent dormir
côte à côte, mais l'un des deux
aura un sommeil agité.

PROVERBE HINDOU

Dieu a inventé le chat
pour que l'homme ait un tigre
à caresser chez lui.

VICTOR HUGO

La panthère que nous avons vue
vivante a l'air féroce, l'œil inquiet,
le regard cruel, les mouvements
brusques et les cris semblables
à celui d'un dogue en colère.

BUFFON

Le lion lui-même ne se régale
pas toujours de viande.

THÉOGNIS DE MÉGARE

La gazelle peut se revêtir d'une peau de lion, mais elle restera toujours une gazelle et s'enfuira toujours lorsqu'elle verra un fauve au loin.

PROVERBE AFRICAIN

C'est sur le chemin où tu n'as pas peur
que le fauve se jettera sur toi.

PROVERBE ASHANTI

Le lion ne se contente pas
de mouches.

PROVERBE DANOIS

Mieux vaut vivre un jour
comme un lion que cent ans
comme un mouton.

PROVERBE ITALIEN

On doit soigner l'extérieur
comme l'intérieur. Une peau de tigre
et de léopard ne se distingue pas
d'une peau de chien ou de brebis
si le poil en est raclé.

CONFUCIUS

Ne blâme pas Dieu d'avoir créé
le tigre, mais remercie-le de ne pas
lui avoir donné d'ailes.

PROVERBE INDIEN

Un lion ne prête pas ses dents
à un autre lion.

PROVERBE AFRICAIN

Une même loi pour le lion
et pour le bœuf, c'est l'oppression.

WILLIAM BLAKE

Le tigre compte sur la forêt,
la forêt compte sur le tigre.

PROVERBE CAMBODGIEN

Par la ruse, on peut prendre un lion.
Par la force, pas même un grillon.

PROVERBE FRANÇAIS

Servir un prince, c'est comme dormir
avec un tigre.

PROVERBE CHINOIS

Même si le léopard dort,
le bout de sa queue ne dort pas.

PROVERBE AFRICAIN

Qu'est le plus beau ? Le mouvement
du félin ou son calme ?

ELIZABETH HAMILTON

N'imitez rien ni personne.
Un lion qui copie un lion
devient un singe.

VICTOR HUGO

Deux léopards ne se promènent
pas dans la même forêt.

PROVERBE RWANDAIS

La fière panthère ne s'apprivoise
pas proprement ; on ne peut
que la dompter ; on la dresse
même pour la chasse.

CHARLES BONNET

Tant que les lions n'auront pas leurs propres histoires, les histoires de chasse ne peuvent que chanter la gloire du chasseur.

PROVERBE AFRICAIN

Ne tenez pas la queue du léopard,
mais si vous la tenez, ne la lâchez pas.

PROVERBE ÉTHIOPIEN

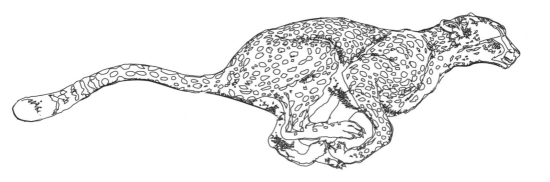

Le lion met en pièces,
et les chacals mangent.

PROVERBE ARABE

Quand on suit quelqu'un de bon,
on apprend à devenir bon : quand
on suit un tigre, on apprend à mordre.

PROVERBE CHINOIS

Nourrir l'ambition sans son cœur,
c'est porter un tigre sans ses bras.

PROVERBE CHINOIS

Mieux vaut ne pas tirer un lion
que de ne faire que le blesser.

PROVERBE CHINOIS

Si en te baignant tu as échappé
au crocodile, prends garde
au léopard sur la berge.

PROVERBE AFRICAIN

Quand le lion saigne,
les chacals reprennent courage.

PROVERBE ARABE

Un léopard ne salue pas la gazelle,
si ce n'est pour sucer son sang.

PROVERBE ARAMÉEN

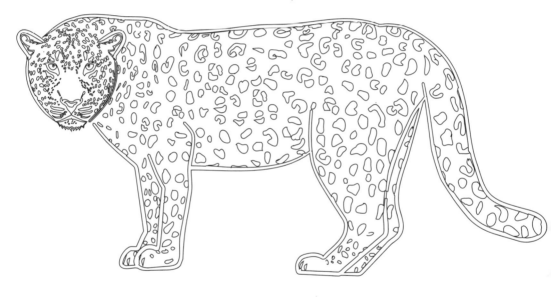

L'humoriste, comme le fauve,
va toujours seul.

SOREN KIERKEGAARD

Ce qui est difficile quand
on chevauche un tigre,
c'est d'en descendre.

PROVERBE CHINOIS

Le chat n'est pas tenu de vivre
selon les lois du lion.

BARUCH SPINOZA

Au lion, la part du lion.

ÉSOPE

Pour apprendre sur la violence,
demande à la tourterelle.
Pour apprendre sur la douceur,
demande au tigre.

PROVERBE CHINOIS

Le meilleur interviewer est celui
qui dit que j'ai un œil d'aigle
et une crinière de lion.

JULES RENARD

La rapidité est sublime,
et la lenteur majestueuse.

ANTOINE DE RIVAROL

Sois fort comme un léopard,
brillant comme un aigle, rapide
comme un cerf et puissant comme
un lion, pour faire la volonté
de ton père qui est dans le ciel.

TALMUD

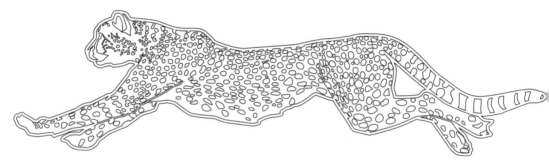

Un Éthiopien peut-il changer sa peau ?
Et un léopard ses taches ?

ANCIEN TESTAMENT

C'est souvent l'homme pour qui tu es
allé puiser de l'eau dans la rivière
qui a excité le léopard contre toi.

PROVERBE AFRICAIN

Quand on est sûr qu'il y a des tigres
sur la montagne, on se garde bien
de s'y rendre.

PROVERBE CHINOIS

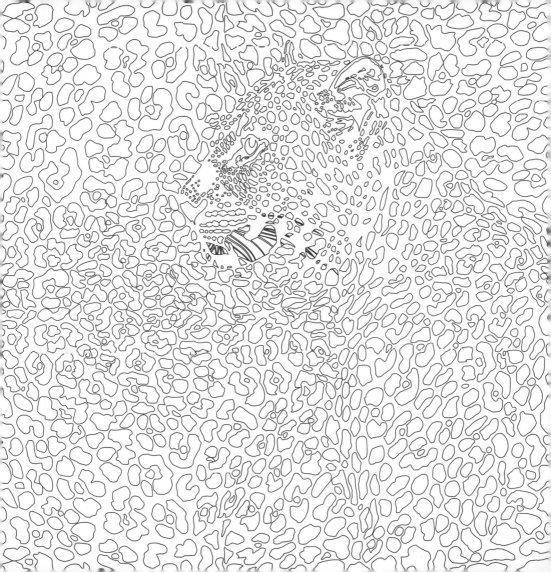

Il y a courage et courage,
celui du tigre et celui du cheval.

RALPH WALDO EMERSON

On compare parfois la cruauté
de l'homme à celle des fauves,
c'est faire injure à ces derniers.

FIODOR DOSTOÏEVSKI

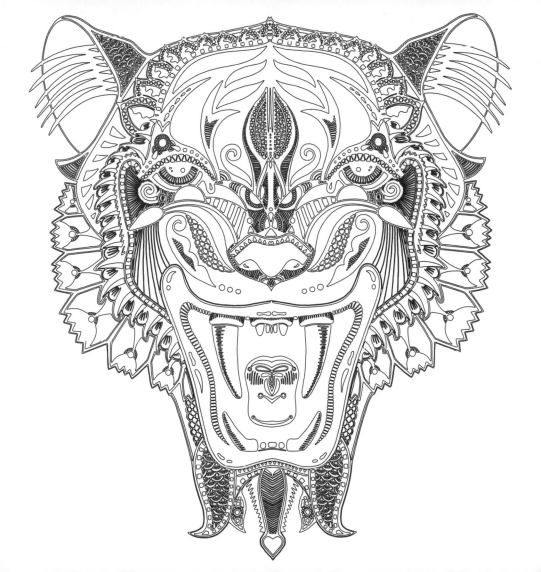

Le moindre des petits félins est déjà
en lui-même un vrai chef-d'œuvre.

LÉONARD DE VINCI

Alors que tu chasses un tigre
par la porte de devant, un loup
peut entrer par celle de derrière.

PROVERBE CHINOIS

Chaque homme a dans son cœur
un lion qui sommeille.

PROVERBE ARMÉNIEN

Je sais, quand il le faut, quitter la peau
du lion pour prendre celle du renard.

NAPOLÉON BONAPARTE

Le lion en chasse pour tuer
ne rugit pas.

PROVERBE AFRICAIN

Un chien qui se remue vaut mieux
qu'un lion accroupi.

PROVERBE ARABE

Un lion mort ne vaut pas
un moucheron qui respire.

VOLTAIRE

Fais peur au lion
avant qu'il ne te fasse peur.

OMAR IBN AL-KHATTÂB

Les lions ont une grande force,
mais elle leur serait inutile si la nature
ne leur avait donné des yeux.

MONTESQUIEU

Il n'est point de bête plus indomptable qu'une femme, point de feu non plus, nulle panthère n'est à ce point effrontée.

ARISTOPHANE

Il est certain qu'il y a
des circonstances où l'on est forcé
de suppléer à l'ongle du lion, qui nous
manque, par la queue du renard.

DIDEROT

Le lion ne s'embarrasse point
de la piqûre d'une puce.

PROVERBE DANOIS

© Hachette livre (Marabout) 2016
58, rue Jean-Bleuzen
92170 Vanves

Illustrations © Shutterstock
Intérieur : Airin.dizain (31, 49, 63, 77, 121) Arak Rattanawijittakorn (109) Arkela (103) Art-and-Fashion (99) ArtHeart (127) Bim doodle (23) blackstroke (95) Cattallina (53, 57, 65, 67, 69, 75, 81, 141) Crattos (11) cupoftea (3) CuteLala (9, 21) diana pryadieva (59) flankerd (111) Hein Nouwens (15, 51, 71, 129, 137) insima (55) Irina Matsiash (33) karakotsya (119) Kasza (79) Kozoriz Yuriy (41) kulyk (97) M88 (131) maverick_infanta (37, 39) mis-Tery (45) nutriaaa (101) Nuttapol (5, 73, 87) okili77 (89, 93) panki (43, 47, 85) Petrafler (35) Pevuna (123) Reinekke (105, 117) Roman Poljak (25) Sailin on (17, 83) satori.artwork (29) sunlight77 (91) TongChuwit (133) VladimirCeresnak (61, 113, 115, 125, 135, 139, 143) yyang (107) Zelena (7, 13, 19, 27)

Mise en pages : Else
Dépôt légal : janvier 2016
38-0293-5
978-2-501-11285-7
Imprimé en Espagne par Unigraf